Au Soudan

1893-1894

LA COLONNE BONNIER

MASSACRE DE DONGOÏ

(TACOUBAO)

15 JANVIER 1894

D'après le récit d'un témoin oculaire

REIMS

IMPRIMERIE COOPÉRATIVE (N. MONCE, dir.)

Rue Pluche, 24

Au Soudan

1893-1894

LA COLONNE BONNIER

MASSACRE DE DONGOÏ

(TACOUBAO)

15 JANVIER 1894

D'après le récit d'un témoin oculaire

REIMS

IMPRIMERIE COOPÉRATIVE (N. MONCE, dir.)

Rue Pluche, 24

LA COLONNE BONNIER

I.

En campagne contre Samory.

C'est le 30 novembre 1893 que le colonel Bonnier, quittant Bamako à la tête de la colonne formée à cet effet, se mit en mouvement, à quatre heures du soir, pour traverser le Niger, passer sur la rive droite, et marcher au secours du roi noir Tiéba, dont les États étaient envahis et dévastés par les Sofas, commandés par Samory.

Les États du roi Tiéba étant sous notre protectorat, nous lui devions aide et assistance. Le colonel Bonnier avait donc reçu l'ordre de répondre à son appel et d'entrer en campagne.

La colonne, comprenant un escadron de spahis soudanais, les 8e, 9e, 11e et 12e compagnies de tirailleurs indigènes, et une batterie d'artillerie, après avoir passé le fleuve, entra aussitôt dans la brousse. C'était la première fois que nos troupes pénétraient dans ce pays, que seule la mission Binger avait déjà parcouru.

S'engageant dans les hautes herbes dont le pays est couvert, les soldats suivent d'abord à la file indienne un petit sentier large de trente-cinq à quarante centimètres à peine, et presque caché par la brousse et des herbes dont la hauteur est en moyenne de deux à trois mètres.

Il faut que cavalerie, infanterie, artillerie, passent malgré tout. et le sentier s'élargit forcément sur le passage de la colonne.

La journée du 1er décembre se passe sans incident. On traverse toujours de grandes herbes, parmi lesquelles quelques arbustes, mais sans aucun fruit. Quelques villages que l'on rencontre ont été incendiés par les Sofas, et les habitants se sont enfuis.

On a de la viande fraiche, et un troupeau suit la colonne. L'eau ne manque pas et est assez bonne, heureusement, car les hommes n'ont que cela pour se réconforter, en la mélangeant avec du tafia. On mange du biscuit. Il ne faut pas beaucoup compter sur du pain, sauf de rares exceptions, pendant plusieurs mois, selon toute apparence. De même pour le vin. Ce qui le fait présumer est l'intention que l'on prête au colonel de se diriger sur Tombouctou, aussitôt la campagne actuelle terminée.

Rien à signaler pendant les journées des 2, 3 et 4 décembre. On pousse la marche en avant.

5 décembre. — Le colonel Bonnier donne l'ordre de partir à quatre heures du matin. Il faudra marcher le plus longtemps possible, de façon à se rapprocher de l'ennemi, qui n'a plus que quelques heures d'avance sur la colonne.

A une heure, les spahis d'avant-garde aperçoivent une reconnaissance ennemie qui, prévenue de la marche de nos troupes, surveille leurs mouvements. Tout l'escadron se réunit, et, se formant en fourrageurs, charge sur le village de Faraguaré.

Les Sofas qui l'occupent ont à peine le temps de déguerpir. On prend la formation de combat, et l'on cerne le village. La 11e compagnie est désignée pour l'occuper. Comme les cases ne sont pas brûlées, les tirailleurs les fouillent successivement et ne trouvent que quelques femmes n'ayant pas eu le temps de se sauver, et des enfants abandonnés un peu partout. Environ deux cents fusils de tous les modèles sont ramassés également. On trouve du mil en quantité. Des cadavres sont épars tout autour du village, mais on n'y fait pas autrement attention, et l'on ne s'en occupe pas davantage.

6 décembre. — A minuit, l'ordre est donné de distribuer deux jours de vivres pour partir à trois heures et demie en colonne volante à la poursuite de l'ennemi. Les 11ᵉ et 12ᵉ compagnies et l'escadron de spahis, deux pièces d'artillerie de campagne et l'état-major se mettent en marche à cet effet. Le reste de la colonne demeure à Faraguaré.

Après avoir marché jusqu'à une heure de l'après-midi, on n'a rencontré que deux villages incendiés. On entend tout à coup quelques coups de fusil. Ce sont les Sofas, avec Samory en personne, qui font connaissance avec les spahis qui les chargent. Une fusillade nourrie s'engage, mais l'ennemi ne soutient pas longtemps le combat et bientôt lâche pied et prend la fuite. Bien que l'engagement n'ait pas été très sérieux, nous avons de notre côté trois blessés : un lieutenant de spahis et deux spahis. L'ennemi, de son côté, a une dizaine d'hommes hors de combat.

A l'endroit où l'on arrive, se trouvent pêle-mêle une soixantaine de cadavres : ce sont des habitants de Tenétou que Samory a fait massacrer.

Nous avons fait neuf prisonniers, parmi lesquels le « *griott* » de Samory, personnage venu autrefois en France, et dont on se souvient à Paris. Six chevaux et quantité de fusils, baïonnettes et cartouchières sont tombés entre nos mains. Les fusils sont presque tous des modèles Gras, de fabrique anglaise.

7 décembre. — Retour au gros de la colonne. Il faut, pendant la route, traverser un marigot, dans l'eau jusqu'à la ceinture. Les effets sèchent sur le dos des hommes, et l'on arrive à Faraguaré à six heures et demie du soir.

8 décembre. — Repos pour la colonne. Dans la journée, des gens de Tenétou viennent au camp demander protection. Les malheureux se sont cachés jusque-là dans la brousse pour se soustraire aux atrocités des soldats de Samory.

Des essaims innombrables de mouches harcèlent continuellement nos hommes. Impossible de s'en dépêtrer ; les cadavres les attirent, et elles persistent malgré tout à nous tourmenter. A neuf heures du soir, les neuf prisonniers Sofas, après interrogatoire, sont fusillés et enterrés.

9 décembre. — A cinq heures du matin, les 8ᵉ et 9ᵉ compagnies de tirailleurs partent pour Tenétou, qui est à dix kilomètres, emmenant avec elles le gros du convoi.

A trois heures et demie du soir, l'état-major et le reste de la colonne se mettent en route pour rejoindre les compagnies ci-dessus à Tenétou, où l'on arrive à six heures. Tout le long du chemin, des cadavres laissés par les Sofas. Quand ceux-ci sont en marche avec des captifs, et que l'un de ces derniers reste en arrière ou les gêne, on le tue sans autre forme et on le laisse sur place. Bien souvent même, il arrive qu'on trouve des enfants respirant encore, et ainsi abandonnés pour n'en avoir plus l'embarras et marcher plus vite. On passe près d'eux sans pouvoir les secourir, le détachement ayant déjà bien du mal à transporter ce qui lui est indispensable.

Tenétou, comme tous les autres villages du pays, est entouré d'un mur en terre de quatre à cinq mètres de hauteur et très épais. C'est la mesure de défense habituelle de la contrée, mais assez peu efficace, puisque Samory réussit invariablement à pénétrer dans chacune de ces petites forteresses. Nos troupes y arrivent trop tard; le village est entièrement saccagé et détruit, et plus de trois cents cadavres jonchent le sol. Ces corps morts répandent une odeur insupportable et gênent énormément nos soldats, dont le campement n'est situé qu'à deux cents mètres de là.

Cette boucherie est un spectacle horrible et navrant à contempler. Rien n'a été épargné. La plupart des cadavres indiquent qu'ils ont été brûlés vifs ; d'autres ont eu la tête coupée ; des enfants et des femmes ont eu le ventre ouvert. Le reste des habitants s'est enfui, et se trouve maintenant avec nous. D'autres ont été emmenés captifs par Samory.

10 décembre. — A quatre heures du matin, la 11° compagnie accompagne le colonel pour reconnaître l'emplacement d'un poste. On pousse jusqu'au Ba-Oulé, à quinze kilomètres de là. Après avoir reconnu l'endroit, le colonel revient à Tenétou à sept heures du soir avec sa petite troupe.

12 décembre. — Après avoir chassé du pays et mis en déroute les bandes de Samory, la colonne repart, ayant accompli sa mission et laissant les habitants dans leur village dévasté, sous la protection d'un poste (la 8ᵉ compagnie). A Faraguaré, où le colonel se rend, il laisse également un poste de miliciens, et à trois heures de l'après-midi la colonne quittait le « pays des cadavres », — expression rendant bien l'impression restée dans l'esprit de tous au souvenir de ce pays désolé, — pour retourner à Bamako.

13, 14, 15 et 16 décembre. — Marche sur Bamako. Rien d'important à signaler.

17 décembre. — A cinq heures et demie, la colonne arrive sur les bords du Niger. On distribue une ration supplémentaire de pain et de vin, qui, on le comprendra volontiers, est accueillie avec des transports de joie. On fait un repas délicieux, après dix-sept jours de régime au biscuit et au tafia.

18 décembre. — A cinq heures du matin, la colonne commence à traverser le fleuve, et à onze heures, tous sont sur la rive gauche, installés à Bamako, dans l'ancien campement, à environ un kilomètre du Niger.

Après avoir envoyé à l'infirmerie du poste tous les malades ne pouvant suivre, et passé une revue de tous les effets, on donne l'ordre de se préparer pour le départ du lendemain. A huit heures du soir, on distribue pour sept jours de vivres, dont deux avec pain et cinq avec biscuit. Comme boisson, toujours du tafia.

II.

La marche sur Tombouctou.

19 décembre. — A quatre heures et demie, départ pour Ségou-Sikoro. Cette première journée n'a rien d'agréable. Le convoi n'ayant pas suivi la colonne, on ne peut avoir ni viande fraîche, ni viande de conserve, ce qui oblige chacun à se coucher avec quelques haricots seulement pour se restaurer, et un quart de café. On passe toutefois une bonne nuit, roulé dans sa couverture.

20-21 décembre. — Le 20, à cinq heures, la colonne lève le camp pour se rendre à Toulimandro, où l'on doit embarquer pour redescendre le Niger. Arrivée à Toulimandro, le 21, à trois heures de l'après-midi. Les chevaux sont envoyés par terre avec les palefreniers, à Ségou, et les porteurs renvoyés à Bamako.

Les pirogues dont on va se servir sont celles en usage dans toutes les peuplades de l'Afrique, c'est à dire qu'elles sont d'une seule pièce, et creusées dans un tronc d'arbre; le boabab est surtout employé à cet usage. Elles ont de quatre à cinq mètres de long, et soixante-cinq centimètres de large. Quatre Européens prennent place dans une embarcation, avec deux *somonos* (piroguiers). Il est impossible de faire un mouvement sans faire chavirer la pirogue ; aussi l'on se tient en conséquence. Comme la plupart de ces coquilles sont en mauvais état, l'un des passagers est obligé, avec une calebasse, de puiser constamment et de jeter l'eau qui s'infiltre sans cesse. Occupation d'ailleurs peu divertissante. Cependant, l'on se remplace de temps en temps, et, en somme, cela fait paraître le temps moins long.

Enfin, après avoir réparti les tirailleurs dans toutes les embarcations, la flottille, composée d'environ deux cents pirogues, se met en mouvement. Le spectacle est certainement peu banal et présente un aspect des plus curieux.

Les *somonos* se tiennent l'un à l'avant, l'autre à l'arrière de la pirogue. Tantôt ils conduisent à la perche, tantôt à la pagaie, selon la profondeur du fleuve, car il est des endroits où il n'y a pas plus de trente centimètres d'eau. A ces passages, il n'est pas rare de voir les tirailleurs descendre dans l'eau et marcher à côté de la barque jusqu'à ce que la profondeur soit trop grande. On navigue ainsi jusqu'à onze heures du soir, et après avoir passé la nuit sur la rive, on repart le lendemain, **22**, pour Nyamina, et de là pour Ségou, où la colonne arrive le **24**, après être restée la nuit pour dormir dans les pirogues.

Ségou est un poste important, construit en terre. C'est l'ancienne capitale d'Amahdou. Son « palais » y existe encore. Deux traitants y sont actuellement, un blanc et un noir, qui s'entendent parfaitement pour écorcher leur monde et vendre ce qu'ils ont hors de prix. Ils sont, au reste, fort mal approvisionnés. Comme il faut s'habituer à tout, on se fournit de beurre de *karité* (du nom de l'arbre dont on le tire), qui, après avoir été épuré, fait d'assez bonne cuisine, et comme on ne touche pas de graisse en marche, il faut s'habituer à faire usage de ce comestible.

Voici comment on l'épure. Après l'avoir fait fondre dans un vase quelconque, on met dedans un morceau de biscuit que l'on y laisse jusqu'à ce qu'il ait pris une teinte noire ; on en met ensuite un second dans les mêmes conditions ; on jette quelques gouttes d'eau, et toutes matières étrangères s'enlèvent facilement. On peut alors s'en servir comme de graisse ordinaire.

Un tam-tam est donné au colonel en l'honneur de l'arrivée de la colonne.

25 décembre. — Séjour à Ségou, où l'on est intallé dans des paillottes préparées à cet effet. On touche une ration de pain reçue avec un véritable plaisir. Pas de vin ; mais on se procure du *dolo* (en usage dans tous les villages soudanais). C'est un extrait de mil et de maïs qu'on laisse fermenter, et qui donne une boisson assez agréable, revenant beaucoup au cidre de France. On le vend dans des calebasses, à peu près trois litres pour cinquante centimes.

Dans les villages n'ayant pas de poste, l'argent n'a pas cours, et l'on est obligé pour payer d'avoir recours aux *cauries* (vingt-quatre pour cinq centimes). Ici, on peut se servir de l'argent français, mais il est rare qu'on rende la monnaie.

En somme, on passe une journée de Noël assez triste. A une heure de l'après-midi, les chevaux, venus par terre de Bamako, rejoignent la colonne.

26 décembre. — A six heures du matin, l'ordre est donné de se tenir prêts à partir pour onze heures. On touche six jours de vivres, et, faute de temps, le tout est transporté au fleuve pour y être distribué et mis dans les pirogues. On n'embarque que deux Européens par pirogue.

A partir de cette date, la colonne suit à peu près invariablement le cours du Niger. On s'arrête dans la journée pour faire un repas sur la rive, quand c'est possible ; autrement, on reste dans les pirogues. Tous les soirs, quand on peut rencontrer un village, on descend pour y passer la nuit, plus ou moins bien accueillis par les indigènes, qui cèdent pourtant à la force, mais qui souvent ont déserté leurs cases quand on arrive. Quand un village n'est pas à portée, on dort sur la rive, roulé dans sa couverture, ou même quelquefois on passe la nuit étendu dans sa pirogue. Bien entendu, cela manque de confortable, mais on n'est pas là précisément pour s'amuser ; il faut donc s'habituer et se faire à tout, dans les conditions où opère la colonne.

Il arrive parfois, ainsi, de passer des nuits à peu près blanches, tant à cause des moustiques que d'une foule d'autres inconvénients. Ces nuits sur le Niger sont d'ailleurs des plus étranges, et donnent les impressions les plus extraordinaires.

A peine le soleil est-il disparu à l'Occident, à peine les premières étoiles apparaissent-elles au firmament, que de tous côtés mille petits animaux de toute espèce se font entendre, chacun sur un ton particulier et le plus souvent bizarre.

Ce sont des grillons, des cigales, avec leur bruit de crécelles, des insectes de toutes grosseurs et de toutes nuances, des grenouilles, des crapauds innombrables, aux rauques coassements, et parmi ceux-ci le *crapaud-buffle,* dont le cri est assourdissant ; des oiseaux de tous genres, dont les plus singuliers sont l'*oiseau-trompette,* qui rend à peu près le son d'une trompe, et de petits oiseaux rappelant à s'y méprendre celui du grelot ; puis, les fameux moustiques, avec leur musique agaçante ; et, pour servir de contre-basse à cet orchestre fantastique, la hyène avec son cri lugubre, et parfois le lion, couvrant le tout de sa voix formidable. Voilà ce qu'il est impossible de bien rendre et bien exprimer, et que ne connaîtront jamais que ceux à qui il est donné de l'entendre sous le ciel pur des nuits féeriques de l'Afrique centrale !

31 décembre. — Après avoir doublé Djené et Bandiagara, on entend, à cinq heures et demie, sonner le réveil sur la droite, et l'on reconnaît un poste français. Quelques minutes plus tard, la colonne entre à Mopti, le poste le plus éloigné que nous possédions au Soudan.

Mopti est en notre possession de cette année seulement, au mois de juin, et maintenant il sert de relais et de point d'appui aux canonnières faisant le service du Niger. A l'heure actuelle, ces canonnières sont plus haut sur le fleuve, et la 5° compagnie de tirailleurs les remplace pour le service du poste.

Tous les environs, à perte de vue, sont couverts de rizières, ce qui fait que l'on ne peut que voyager en pirogues. Le village est bâti sur une élévation de terrain. Il est assez important et compte à peu près deux mille habitants qui paraissent assez peu farouches.

A peu de distance de Mopti se trouvent six villages qui en dépendent. C'est dans l'un de ceux-ci que l'on installe le campement. On l'a débarrassé et tenu libre à cet effet. On y passe la journée et la nuit.

1ᵉʳ janvier 1891. — Le convoi et l'artillerie, qui sont partis de Ségou après la colonne, rejoignent aujourd'hui. L'ordre est donné de distribuer douze jours de vivres à tout le monde : biscuit, sucre, café, tafia et sel; dix jours de viande de conserve et deux jours de viande fraîche.

A une heure de l'après-midi, la colonne, comprenant les 5°, 9° et 11° compagnies et deux batteries d'artillerie, se met en marche, toujours en pirogues, et prend la direction de Tombouctou.

Pas d'incident remarquable pendant les journées des 2, 3, 4, 5, 6 et 7 janvier. Tantôt on suit le fleuve en pirogues, tantôt on fait d'assez longues marches dans les rizières qui le bordent, quand on y trouve avantage, procédant pour les haltes et repos comme il a été dit ci-dessus.

8 janvier. — Vers onze heures, l'avant-garde est reçue à hauteur d'un village par quelques coups de fusil ; mais le colonel ne s'y arrête pas et l'on va sur la rive opposée faire le déjeuner. Une demi-heure après, on reprend sa route pour bivouaquer le soir dans un endroit sablonneux. Pas de village en vue ; on passe la nuit à cet endroit.

9 janvier. — La nuit écoulée, le courant est repris, et à onze heures on déjeune dans un village abandonné.

A sept heures du soir, les hommes sont prévenus qu'il n'y aura pas d'arrêt cette nuit, la colonne se trouvant dans les parages de Kabara, endroit où l'on doit débarquer. On ne dort pas de la nuit et l'on se tient constamment prêt à répondre à une attaque. Rien cependant ne vient troubler le détachement.

10 janvier. — A cinq heures du matin la colonne est en vue de Kabara. En face, sont arrêtées au mouillage deux canonnières. Le village est complétement vide et inhabité. On apprend que les Touaregs l'ont mis au pillage et ont enlevé toutes ses richesses, ainsi que celles de Tombouctou.

Pendant que le colonel Bonnier et sa colonne faisaient route, le chef de cette dernière ville a demandé protection aux Français qui se trouvaient à portée sur le Niger. Les deux canonnières mouillées devant Kabara ont, par suite, devancé le colonel, et le lieutenant de vaisseau Boiteux qui les commande est déjà à Tombouctou avec quelques marins de son équipage.

L'enseigne de vaisseau Aube, neveu de l'amiral de ce nom, ex-ministre de la marine, qui commandait l'une des deux canonnières, étant allé ces jours derniers en reconnaissance avec treize matelots noirs et trois blancs, a été attaqué et massacré, ainsi que tous ses compagnons, et l'on est sans nouvelles sur leurs restes.

La colonne quitte Kabara à six heures du matin. Sept kilomètres la séparent de Tombouctou. Elle a plusieurs marigots à traverser. Dans les uns, il faut passer dans l'eau jusqu'aux genoux, dans d'autres jusque sous les bras. Pour les passer, on met fusil, musettes, ceinturon et ceinture sur la tête, et en avant ! Les rayons brûlants du soleil ont bien vite séché les effets sur le dos des hommes.

Enfin, vers huit heures, les troupes arrivent en face de la ville sainte, et près de l'une de ses mosquées. Les trois couleurs françaises se déploient et flottent fièrement sous le vent chaud du désert !

C'est l'arme sur l'épaule que la colonne entre dans la ville. Les habitants sont enchantés de son arrivée. Maintenant, ils n'ont plus à craindre les fameux Touaregs, qui d'ailleurs n'ont pas jugé prudent de se montrer.

Tombouctou est une ville du style arabe, située sur la rive gauche du Niger, au milieu des sables. Elle est construite en terre grise. Les rues en sont très étroites et très sales. Elle peut contenir de dix à quinze mille habitants, mélangés de Maures, d'Arabes et de diverses tribus du désert.

Il n'y a presque plus rien comme vivres dans la ville, les Touaregs ayant fait main-basse sur les troupeaux de bœufs et de moutons qui s'y trouvaient. On ne peut trouver que quelques pigeons et poulets, que l'on vend un franc pièce. On achète aussi quelques petites galettes de mil et de riz à vingt-cinq centimes; elles remplacent le pain avantageusement. L'eau est assez bonne et se trouve à environ quatre cents mètres de là.

On case les troupes tant bien que mal dans un groupe de maisons délaissées. Nos tirailleurs campent devant provisoirement. C'est la prise de possession définitive de la fameuse « ville sainte » du centre africain.

Après une nuit tranquille et réconfortante, on continue à procéder à l'installation des troupes dans les conditions qui paraissent le moins défavorables.

III.

Le massacre de Dongoï.

Bien qu'il s'agisse d'un événement déjà relativement éloigné, certains bruits s'étant répandus, tendant à en dénaturer les incidents et à les présenter sous un faux jour, il nous a paru intéressant, à plusieurs points de vue, de préciser les faits et de les ramener à leur physionomie réelle et à une appréciation plus exacte.

Nous avons donc pensé faire œuvre utile en rassemblant le plus de détails possible sur ce grand drame colonial, et en les publiant tels que nous avons pu nous les procurer aux sources les plus authentiques.

Dès le lendemain de l'entrée à Tombouctou, sans plus de répit, le colonel Bonnier désignait la 5ᵉ compagnie et un peloton de la 11ᵉ pour partir le 12 en reconnaissance, dans l'intention de débarrasser les environs des nomades qui les infestaient, et, si possible, de tirer vengeance du massacre de l'enseigne de vaisseau Aube et de ses malheureux compagnons, dont il a été parlé précédemment.

Le 12 donc, dès le matin, à cinq heures, laissant le commandement des troupes au plus ancien capitaine, le capitaine Philippe, le colonel prenait la tête de la petite troupe, accompagné du commandant Hugueny, des capitaines Regad, Livrelli, Tassard, Seusaric et Nigote, des lieutenants Garnier et Bouverot, du sous-lieutenant Sarda, du médecin colonial Gallas, du vétérinaire Lenoir, et de l'interprète Acklouck, et partait à la découverte de l'ennemi. Les chevaux de la colonne étant restés en arrière, les Européens étaient montés chacun sur un petit âne du pays.

Après avoir marché un peu à l'aventure pendant les journées des 12, 13, et la matinée du 14, on avait pris aux Touaregs mille à onze cents moutons et quelques ânes, et l'on s'était emparé de quelques femmes et de trois guerriers. Le 14, à deux heures de l'après-midi, le colonel Bonnier apprend que les Touaregs ne sont qu'à quelques kilomètres en avant de la colonne. Il donne immédiatement l'ordre de laisser le convoi en arrière avec les montures, sous les ordres du sous-lieutenant Sarda, le moins valide des officiers, et part en avant avec deux sections de la 5ᵉ compagnie et une section et demie de la 11ᵉ.

Ici se place un fait digne de remarque, et qui peut donner lieu à certaines réflexions sur la singularité et les conséquences de certains incidents en apparence insignifiants. Au moment de se séparer du convoi, le colonel s'aperçoit que, malgré l'ordre donné, le sous-lieutenant Sarda, désigné d'abord pour le commander, reste sur sa monture. « Pourquoi n'allez-vous pas à pied, Monsieur ? » lui demande-t-il. — « Je suis souffrant, mon colonel, lui répond le lieutenant, et obligé de marcher ainsi. » — « Alors, restez à la garde du convoi, et dites au lieutenant Bouverot, que j'avais désigné pour cela, de venir vous remplacer. » Ce qui fut fait. Or, le lieutenant Bouverot devait être l'une des victimes du lendemain. A quoi tient la vie humaine, dans certains cas ? Et que l'on nie après cela le fatalisme !

On marche jusqu'à six heures du soir. A cette heure, on aperçoit des troupeaux et quelques gens armés. Après avoir tout ramassé et chassé les rôdeurs, la petite colonne s'installe pour la nuit sur l'emplacement désigné sous le nom de *Tacoubao* par les gens du pays, lieu que viennent de quitter les Touaregs, — circonstance à retenir, — pleine d'entrain et en toute sécurité, loin de pressentir ce qui l'attendait le lendemain.

Le campement a la forme d'un carré, à peu près. Les hommes de la 5° compagnie occupent le côté nord, et ont avec eux le capitaine Tassard et les sous-officiers européens Beretti, sergent-major, et Titays, sergent. Tous se couchent, roulés dans leurs couvertures, les faisceaux formés près d'eux. Les hommes de la 11° compagnie sont disposés de même façon du côté sud, ayant avec eux le lieutenant Bouverot et les sergents Gabriel et Lalire. La face ouest est fermée par le troupeau de bœufs, attenant à la 5ᵉ compagnie, et le troupeau de moutons, tenant à la 11°, enclos l'un et l'autre par une petite haie de gommiers épineux, coupés à la hâte sur le lieu même, et dont la plaine est parsemée çà et là. Les captifs sont installés au milieu du camp, contre la haie intérieure où sont parqués les troupeaux. Tout l'état-major en un groupe, dans le centre du carré, vers le côté est, où se trouve le poste du colonel.

Jusqu'à minuit environ, les officiers de l'état-major veillent ; ils passent joyeusement la soirée, et longtemps on les entend rire et plaisanter. Tous enfin s'endorment. La nuit étant très fraîche, de petits feux ont été allumés de place à autre dans le camp, et continuent à se consumer lentement. La nuit est splendide, et la lune illumine tout de sa clarté jusque vers quatre heures environ. Alors elle disparaît..., et l'heure est favorable à l'ennemi pour le coup de main qui se prépare.

15 janvier 1894, lundi. — Il est quatre heures et demie du matin ; seules les sentinelles veillent (il y en a six) ; le colonel a donné lui-même l'ordre de les placer à une petite distance autour du camp. Tout à coup, au milieu du silence et de l'obscurité, deux coups de feu retentissent, et le cri : *Aux armes !* est répété de partout. Tous aussitôt sont debout, et se précipitent pour se mettre en défense..., mais, hélas ! trop tard !...

Les Touaregs, dont quelques-uns, la veille au soir, rôdaient autour du campement, se sont rassemblés en nombre et approchés pendant la nuit, et leurs cavaliers, accompagnés et suivis de piétons au pas de course, se sont précipités sur le camp français, favorisés par les ténèbres, dans une charge enragée et irrésistible. En un clin d'œil, ils renversent les faisceaux, et font irruption de tous côtés dans le camp, où l'on n'a pas eu le temps de se mettre en garde.

La nuit est encore complète, et la scène effroyable qui s'ensuit ne peut se dépeindre ! C'est une trombe furieuse, un tumulte indescriptible ! Les cris de guerre dominent, jetés par l'ennemi, qui frappe et tue de tous côtés, à coups de lances, de sagaies, de sabres, poignards, casse-têtes, etc... Quelques coups de feu parmi des clameurs de détresse..., et c'est tout !

Nos tirailleurs essaient de se défendre ; mais se sentant assaillis de toutes parts et perdus, ils cherchent partout une issue... C'est en vain, et ils succombent sous l'avalanche humaine qui les accable... En quelques minutes tout est terminé, et l'on n'entend plus que le bruit que fait l'ennemi qui fouille et pille tout ce qui reste sur le terrain : hommes et bagages.

Presque tout le détachement est exterminé.

La hardiesse, l'imprévu, la soudaineté et l'impétuosité de l'attaque ont été tels, que toute résistance a été rendue impossible.

Cependant, trois Européens : un officier et deux sous-officiers ; le capitaine Nigote, le sergent-major Beretti et le sergent Lalire, ainsi que quelques hommes, ayant pu saisir leurs armes, réussissent à se frayer un passage en lâchant leur coup de feu sur les assaillants, et de vive force écartant l'ennemi, parviennent à gagner quelques buissons à proximité du campement (1).

Plusieurs autres, sans armes, réussissent également à s'échapper. Tous, instinctivement, se dirigent en se glissant de buisson en buisson, et évitant les cavaliers

(1) Voici de quelle façon le sergent Lalire a lui-même raconté comment il put échapper au massacre :

« Aussitôt le cri : *Aux Armes!* précédé de deux coups de feu et suivi aussitôt des clameurs formidables de l'ennemi, je suis debout, et — sans souci de ce qui peut manquer à ma tenue, on le croira sans peine, — je m'élance sur mon fusil, que, plus heureux que beaucoup d'autres, je puis saisir au moment où les Touaregs arrivent sur les faisceaux. Je renverse d'un coup de feu le premier qui s'offre à moi, sans viser, et l'arme à la hanche... Je puis recharger vivement et lâcher un second coup de feu... Au même instant, je reçois un choc, une violente poussée derrière l'épaule, qui me précipite dans la haie d'épines du parc aux moutons qui se trouve à côté... Est-ce la tête, le poitrail d'un cheval, ou un Touareg qui m'a renversé?... Je n'ai pu m'en rendre compte, étant donné l'état d'esprit dans lequel je me trouvais à ce moment. En tout cas, j'ai bien cru être à ma dernière heure, je puis l'avouer. Cette chute fut pourtant mon salut. Je me relève vivement, avec seulement quelques égratignures aux mains... Un vide s'offre devant moi... et, comme je vois tout perdu, j'en profite pour chercher à m'échapper, poursuivi toutefois par plusieurs cavaliers. Je réussis cependant à les dépister, en me jetant dans les buissons dont le terrain est parsemé, et parviens à rallier quelques compagnons d'infortune, avec lesquels j'ai pu enfin parvenir à rejoindre le convoi resté en arrière. »

ennemis qui sont aux aguets, dans la direction du convoi resté en arrière, à une dizaine de kilomètres vers le nord-est.

Au bout d'environ trois quarts d'heure, le capitaine Nigote, blessé à la tête et couvert de sang, les sous-officiers Beretti et Lalire, et une quinzaine de tirailleurs fugitifs, dont une douzaine en armes et quelques blessés, se sont rejoints successivement sur les bords d'un marigot qui coupe leur retraite. L'extrémité de ce marais se trouve à environ cinq cents mètres de là, mais malheureusement est gardée et occupée par l'ennemi, et ils ne sont ni en mesure, ni en état de forcer le passage. Il faut pourtant trouver moyen de s'échapper et prendre un parti... On prend celui de traverser le marigot, coûte que coûte. Une sorte d'îlot s'aperçoit au milieu du marécage; on abordera d'abord à cet endroit. Si l'ennemi occupe l'autre rive du marais, on fera feu sur lui par petites salves. Les fugitifs espèrent ainsi pouvoir tenir quelque temps, et si leurs feux sont entendus de là par la troupe restée à la garde du convoi, celle-ci pourra venir à leur secours.

Il fait maintenant presque grand jour.

Le capitaine Nigote dirige la petite troupe dans la retraite. Un tirailleur part en avant pour sonder la profondeur de l'eau... On peut prendre pied. On entre dans l'eau jusqu'au cou, élevant au-dessus de la tête fusil et cartouchière... Cela ne va pas au mieux... Mais il faut passer quand même : il y va de la vie! De l'îlot on n'aperçoit rien de suspect... On reprend la marche dans l'eau. Enfin, au prix de mille peines, ils parviennent à franchir le marigot et atteignent l'autre rive... Ils sont sauvés!

Après deux heures et demie de marche ils rejoignent le convoi, et c'est dans l'état que l'on peut imaginer qu'ils apparaissent aux yeux stupéfiés de leurs camarades. Quelques tirailleurs arrivent encore successivement, et l'on peut enfin se rendre compte de l'étendue du désastre.

82 des nôtres, plus 2 guides, manquent à l'appel.

3 Européens seulement ont échappé au massacre général : le capitaine Nigote (mort depuis), et les deux sous-officiers déjà cités. 20 à 30 tirailleurs, dont plusieurs blessés plus ou moins grièvement, ont pu également rallier l'arrière-garde.

9 officiers, dont le colonel ; le vétérinaire et l'interprète, 3 sous-officiers, dont 2 Européens (Eitays et Gabriel, sergents), 8 caporaux et 60 tirailleurs indigènes sont tombés sous les coups de l'ennemi.

Heureusement, un guide sûr est resté au convoi. Cet homme est d'autant plus précieux que les deux autres guides du détachement ont succombé également dans la bagarre. Grâce à lui, on peut prendre une bonne direction. Toutes les dispositions sont prises pour la retraite sur Tombouctou.

La petite colonne possède encore quatre-vingt-dix fusils. En se tenant constamment sur le qui-vive, et ne laissant reposer la nuit que la moitié des hommes, on peut espérer atteindre cette ville sans trop de risques. Tous, du reste, sont résolus à vendre chèrement leur vie.

Enfin, après bien des alertes, trois jours après le désastre, le 18 janvier, les restes de la malheureuse expédition rentraient à Tombouctou sans autre incident.

D'après ce qu'ont pu juger les survivants de ce terrible drame, dans la nuit et le tumulte, le détachement a été attaqué par environ deux cents cavaliers et deux à trois cents fantassins. L'ennemi a prononcé son attaque par le nord-ouest et par un mouvement enveloppant. Son

objectif a paru être surtout l'état-major de la colonne.
Il est absolument certain que les Touaregs « montés »
étaient sur des chevaux et que pas un seul méhari ne
se trouvait dans l'affaire. L'ennemi était armé exclu-
sivement de sagaies, lances, poignards, sabres, etc.
Point ou presque pas d'armes à feu ; peut-être quelques
pistolets, mais on ne pourrait l'affirmer. Les quelques
coups de feu entendus pendant l'action ont dû tous être
tirés par les hommes du détachement ayant leurs fusils
ou revolvers entre les mains.

Telles furent, dans leur détail et leur effrayante sim-
plicité, les péripéties de cette terrible catastrophe, qui a
donné lieu à tant de commentaires et qui a eu un reten-
tissement universel, tant à cause de la proportion anor-
male des officiers tombés à Dongoï que des circons-
tances exceptionnelles dans lesquelles elle se produisit.

Un mois après le désastre, la colonne Joffre, en
marche sur Tombouctou, et guidée par les survivants,
dont plusieurs l'avaient rejoint, retrouvait sur place
les squelettes décharnés et dispersés des malheureuses
victimes du 15 janvier, et après un triage très difficile
parmi les ossements épars sur le sable, reconstituait
tant bien que mal les restes des Européens, qui furent
rassemblés et brûlés sur place. L'identité d'un seul put
être établie, celle du capitaine Regad, trouvé à l'écart
dans un marais, la tête séparé du tronc, et non entamé
par les carnassiers. Impossible de fixer un nom sur les
débris de chacune des autres victimes, pour la raison
suivante : les Touaregs, ayant dépouillé complétement
les cadavres, n'avaient laissé sur place aucune pièce

d'habillement ou objet quelconque pouvant aider à la reconnaissance de l'un ou de l'autre. Et d'ailleurs, — détail horrible ! — les bêtes féroces avaient contribué à la dispersion des cadavres et de leurs membres.

Les ossements des indigènes furent également rassemblés et enterrés sur le lieu du massacre, mais sans incinération préalable. Quant aux cendres des Européens, elles furent recueillies, ramenées et déposées provisoirement à Tombouctou.

Puissent ces précieux restes être au plus tôt ramenés en France, et un monument commémoratif y être élevé bientôt à la mémoire des braves tombés à Tacoubao pour la Patrie !

M. RAILLE.

2 février 1896.

Au moment où nous mettons sous presse, nous apprenons que les cendres des officiers et sous-officiers morts à Dongoï sont sur le point de rentrer en France, pour être inhumées à Marseille. Nous sommes heureux de voir ainsi s'accomplir le vœu formulé ci-dessus.

52671 — Imprimerie coopérative de Reims (N. Monce, dir.), rue Pluche, 24.